L'ARMORIAL

DE SAINT-DIÉ

EN 1697

PAR HENRI BARDY

Extrait du **Bulletin de la Société Philomatique Vosgienne.**
Année 1905-1906.

SAINT-DIÉ
TYPOGRAPHIE ET LITHOGRAPHIE C. CUNY
1905

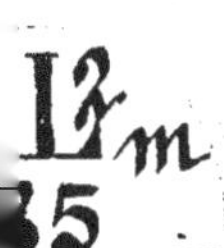

L'ARMORIAL DE SAINT-DIÉ

EN 1697

L'ARMORIAL

DE SAINT-DIÉ

EN 1697

PAR HENRI BARDY

Extrait du **Bulletin de la Société Philomatique Vosgienne.**
Année 1905-1906.

SAINT-DIÉ
TYPOGRAPHIE ET LITHOGRAPHIE C. CUNY

1905

L'ARMORIAL DE SAINT-DIÉ

EN 1697 *

On s'imagine les sommes prodigieuses qu'il fallait au roi Louis XIV pour faire face aux dépenses occasionnées par ses campagnes presque continuelles et la construction des places fortes dont il garnissait les frontières, ainsi que par le faste qu'il déployait à sa Cour.

Il avait donc besoin de beaucoup d'argent, et il employait tous les moyens possibles pour s'en procurer. Il résolut de spéculer sur la vanité et l'orgueil de ses sujets en usant de l'anoblissement pour battre monnaie. Il est vrai qu'autrefois déjà la royauté avait, dans un but fiscal, employé ce moyen, mais d'une façon si discrète qu'il avait, pour ainsi dire, passé inaperçu. Le roi l'essaya à son tour. Le 4 Mars 1696, il publia un édit portant anoblissement, moyennant finances, de cinq cents personnes choisies parmi les plus distinguées du royaume,

* Mon cher et regretté collaborateur, le baron Frédéric Seillière, voulut bien faire, à mon intention, quelques recherches dans l'*Armorial* de d'Hozier, en ce qui concerne Saint-Dié. Ce sont les notes qu'il m'adressa « de la Bibliothèque nationale le 11 Février 1898 » qui ont servi de base au présent travail. J'y ai ajouté un certain nombre d'annotations relatives aux personnes qui s'y trouvent mentionnées. Si les lecteurs l'accueillent favorablement et le lisent avec quelqu'intérêt, c'est au baron Seillière, dont la collaboration m'a toujours été si précieuse, qu'ils devront en attribuer tout le mérite.

« pour servir de récompenses, disait-il, à ceux de nos sujets qui, en acquérant des armoiries par une finance modique, contribueront à nous fournir les secours dont nous avons besoin pour repousser les efforts combinés de nos ennemis. »

Cette façon de battre monnaie réussit au delà de toute espérance, aussi, sans perdre de temps, le roi voulut-il en user largement.

L'édit de Novembre 1696 créa la Grande-Maîtrise générale et dépôt public des armes et blasons du Royaume, sorte de Cour héraldique chargée de fournir, contre remboursement, des armoiries aux personnes honorables qui en désireraient, et d'enregistrer les blasons de tous les gentilshommes, villes, communautés, corporations et gros bourgeois (1). Le tarif des droits à percevoir fut fixé à 20 livres par personne, 50 livres pour les abbayes, et de 25 à 100 livres pour les compagnies, corps de ville, offices et communautés.

On n'était pas exigeant, du reste, pour l'enregistrement. Il suffisait de produire un dessin colorié des armes que l'on avait déjà et dont on demandait confirmation, ou de celles que l'on désirait avoir; ou bien l'empreinte de son cachet sur de la cire, avec la désignation écrite des métaux et des émaux (couleurs) dont les armoiries sont ou seront composées, en ajoutant en bas ses noms et qualités.

L'édit, créant la grande maîtrise du royaume de France, était applicable à la Lorraine. Louis XIV était, en effet, maître du duché par droit de conquête, et, dès sa prise de possession des états de Lorraine et Barrois, il avait rendu, le 14 Mars 1671, une ordonnance par laquelle il déclarait nuls tous les anoblissements faits par les ducs à partir du 1er Janvier 1610; mais, comprenant sans doute le ridicule de cette mesure, il la révoqua le 18 Septembre 1696, et se contenta d'imposer une taxe sur les anoblis (2). Maintenant, il rendait exécutoire en Lorraine et dans les Trois-Évêchés son édit du mois de Novembre suivant, par la raison que ce pays était considéré comme faisant partie du territoire français. En conséquence, un autre édit du 20 du même mois chargea Adrien Vanier, bourgeois de Paris, moyennant le paiement d'une assez grosse somme qu'il fit à titre de cautionnement, de recouvrer « la finance devant provenir des taxes des armoiries et blasons », et d'établir dans la province des bureaux destinés à fournir aux commissaires généraux (3) tous les renseignements nécessaires à d'Hozier, garde de l'*Armorial* du royaume (4).

Dès son arrivée en Lorraine, Vanier procéda à la formation de son bureau et organisa son travail de recensement, de manière à le mener le plus rapidement possible. Il paraît même que ce travail se fit avec une promptitude telle que l'*Armorial,* surtout en ce qui concernait le Barrois, était assez avancé, quand le traité de Ryswick, conclu le 30 Octobre 1697 et ratifié le 13 Décembre suivant, rendit notre province à son duc Léopold.

Il est fort possible qu'à cette date la taxe de 20 livres ait été payée par un certain nombre d'intéressés pour l'enregistrement de leurs armoiries. Mais ce qui est extraordinaire, c'est que la rétrocession du pays n'ait pas arrêté brusquement les enregistrements et la confection des blasons, puisque d'Hozier en faisait encore en 1701.

Néanmoins, le retour du duché de Lorraine à ses souverains légitimes fit que cette partie de l'*Armorial général* resta fort incomplète, passablement négligée et même fautive dans certains cas. Il n'est même pas toujours possible de savoir si telles armoiries appartiennent à un noble ou à un roturier. Il est probable que nombre de personnes n'ayant pas acquitté la taxe, n'ont pu être inscrites au moment où la France était sur le point de rendre la Lorraine. Dans les conditions où s'est fait, pour la ville de Saint-Dié et ses environs, le travail de recensement d'armoiries, on peut dire que la liste que nous allons donner, d'après l'*Armorial de 1696* (5), est celle de personnes possédant déjà des blasons, ayant fait preuve de noblesse, et qui s'étaient empressées de la faire confirmer pour éviter des désagréments possibles. Évidemment, cette liste ne peut pas être considérée comme étant celle de tous les habitants de Saint-Dié et des environs ayant le droit d'avoir des armoiries, puisque l'on ne trouve dans les volumes de d'Hozier que 27 blasons se rattachant à notre région (6). Mais toute incomplète qu'elle soit, nous la croyons assez intéressante pour être donnée, surtout à cause des noms des chanoines qui composaient le Chapitre de notre Collégiale à cette époque.

CHAPITRE DE SAINT-DIÉ

Chanoines.

N° 1. Georges-François ROUSSELOT d'HÉDIVAL (7) : *d'argent, à un chevron de gueules, accompagné de trois poires au naturel, ombragées de sinople, posées deux en chef et une en pointe.*

2. Jacques d'ORGE :
d'azur, à trois gerbes d'orge posées deux et une.

3. Charles d'AUTRICHE (ou AUSTRICHE (8) :
de sable, écartelé par un trait d'or en croix, au 1er à un lion d'or, aux 2e et 3e à trois chevrons d'argent, et au 4e à deux dauphins adossés d'or couronnés de même (9).

4. Rodolphe THIERRY, chantre (10) :
d'azur, à un chevron d'or, accompagné en chef de deux étoiles de même, et, en pointe d'une tête de léopard, aussi d'or.

5. Alexandre FLEURY (11) :
d'azur, à trois croix recroisetées, au pied fiché d'or, posées deux en chef et une en pointe, et une étoile de même en abîme.

6. Pierre LOMBARD :
écartelé; au 1er et 4e d'or, à une tête d'homme à longue barbe, au naturel, posée de profil, au 2e et 3e d'argent, à trois fasces d'azur.

7. Étienne de PROCHEVILLE :
d'azur, à une fasce d'or, accompagnée de trois étoiles de même, en chef, et de trois annelets, aussi d'or, entrelacés, en pointe.

8. François de VALFLEURY (12), écolâtre :
d'azur, à un chevron d'or, accompagné de trois quintefeuilles d'argent, 2 et 1; et un chef d'or, chargé de trois roses de gueules.

9. Nicolas LALLEMAND (13) :
écartelé; au 1er et 4e d'azur, à un pélican d'or; au 2e et 3e de gueules, à deux torches d'or flambées d'argent, passées en sautoir.

10. François-Joseph de MARGADEL (14) :
d'azur, à une croix d'argent, chargée de cinq larmes de gueules.

11. Sébastien BILLAUT (ou BILLAULT (15) :
d'argent, à une bande d'azur, accompagnée, en chef, d'une hure de sanglier arrachée de sable, défendue et allumée d'argent, posée en barre, et la pointe treillissée de sable.

(Ce blason ne diffère de celui figuré dans le *Nobiliaire de Lorraine* de Dom Pelletier que par la disposition du treillis qui, dans celui ci-dessus est oblique, tandis qu'il est droit dans l'autre. Mais cela est de peu d'importance).

12. Charles de BILLAUT de LESCHICAULT (16), neveu du précédent.

Mêmes armoiries.

13. François COLLIQUET (17) :

d'azur, à un sautoir d'argent, accompagné de quatre hures de sanglier d'or, défendues et lampassées de gueules.

14. CHARLES COLLIQUET [18], frère cadet du précédent.

Mêmes armes.

15. CHARLES DE REIMS [19] :
d'or, à une fasce de gueules, accompagnée de trois merlettes de sable, deux en chef et une en pointe, et, sur le tout, un écusson d'or chargé d'un aigle à deux têtes, couronnées de même.

16. SIMON BARXEL [20] :
d'argent, à un monde d'azur ceintré et croisé d'or.

Chapitre.

17. *D'or, à une bande de gueules, chargée de trois roses d'argent.*

Ces armes n'ont été adoptées par le Chapitre qu'en 1429. Leur origine remonte à la comtesse Richilde, descendante de sainte Hunne et nièce de Léon IX, qui fut, en 1050, la bienfaitrice de l'église de Saint-Dié. (Cf. Gaston SAVE, *Sigillographie de Saint-Dié, in* Bull. de la Soc. philom. vosg., t. XIV, 1888-89, pp. 142 et 157).

AUTRES PERSONNES

La mesure fiscale prise par l'édit de Novembre 1696 ne fut pas du goût de tout le monde. Des particuliers, dont la noblesse était depuis longtemps reconnue, ne voulant pas payer les droits, renoncèrent à leurs armoiries, et les firent effacer sur leur vaisselle, leurs cachets et leurs voitures. C'est que l'impôt héraldique était personnel, et chaque membre d'une même famille était tenu de l'acquitter. Renoncer à son blason ! Mais cela ne faisait pas l'affaire du fisc. Aussi un édit du 19 Mars

1797 ordonna-t-il la recherche de ceux qui « se refuse-
« raient à profiter de la grâce que Sa Majesté leur a
« voulu accorder en les autorisant, par l'enregistrement
« à l'*Armorial général,* de porter les mêmes armes qu'el-
« les ont eu par le passé. » Bien plus, on donna des armoiries d'office à une foule de bourgeois qui n'en avaient jamais eu et n'en demandaient pas, mais qui, pour s'éviter des désagréments, n'en payèrent pas moins leurs vingt livres. C'était tout ce qu'on voulait.

Les choses se passèrent ainsi dans la province d'Alsace, où l'on prit, pour faire le travail de recensement, tout le temps nécessaire. L'Alsace fournit 4.152 enregistrements d'armoiries, qui produisirent 103.638 livres. Parmi ces enregistrements, il y en eut 1.808 qui furent faits d'office, mais pour lesquels les intéressés payèrent.

Ce fut tout autrement en Lorraine, à la veille de recouvrer sa nationalité. Vanier eut beau se hâter d'établir, dans une province qu'il sentait sur le point de lui échapper, les bureaux destinés à fournir aux commissaires-généraux tous les renseignements nécessaires à d'Hozier, il ne put parvenir, ainsi que je l'ai dit, qu'à faire une besogne fort incomplète. Le travail n'alla pas mal dans le Barrois, mais à partir de Nancy, il ne se fit plus qu'avec une lenteur extrême. C'est à peine si dans toute la Lorraine on avait pu effectuer, au mois de Mars 1799, 201 enregistrements d'armoiries, ce qui produisait au fisc royal une somme de 4.305 livres. Les Lorrains ne tenaient pas à enrichir la France, qui les avait tant et si longtemps pressurés. Donc, rien d'étonnant si, dans le pays de Saint-Dié, nous ne trouvons dans l'*Armorial général,* en dehors du Chapitre de l'Insigne Église, que 9 blasons. Pas un habitant de Saint-Dié ne fut anobli, pas plus dans les fonctions publiques que dans la bourgeoisie. Les quelques autres blasonnés l'étaient déjà et leurs armoiries ne furent que confirmées. Les voici :

18. Louis-Albert BOUCHART, seigneur de Gemaingoutte et de Herbeville, en partie :

Gironné d'azur et de gueules, de huit pièces, et sur le tout, un soleil d'or, posé en cœur.

19. Paul DOLMAIRE (21), maître échevin, premier juge civil et criminel au ci-devant bailliage et prévôté de Saint-Dié :

Écartelé, au 1er et 4e d'argent, à une tête d'ours, armée et lampassée, de gueules; au 2e et 3e fascé, contrefascé d'or et d'azur, de quatre pièces.

20. Claude GAUTHIER (22), seigneur de Fremifontaine et de Vienville, suivant la déclaration de Françoise L'HUILLIER, sa veuve :

de gueules, à un lion passant d'or; et un chef cousu d'azur, chargé de trois croix recroisetées au pied fiché d'or.

21. A cet écu est accolé celui des L'Huillier, qui porte : *d'azur, à une bande d'argent, chargée de trois olives de sinople.*

22. François-Anne de BAZIN (23), chevalier, seigneur de Chanlas :

d'or, à un lion de gueules.

23. Henry-François de BAZIN (24), chevalier, seigneur de Thanvillé.

Mêmes armes.

24. Charles MORTAL (25), Conseiller du Roi, maire royal à Badonviller :

d'azur, à un cheval naissant, d'or; coupé d'argent à trois têtes de maure de sable, posées 2 et 1.

Deux prêtres se trouvaient dans le petit nombre des personnes du pays de Saint-Dié qui s'étaient faits inscrire dans l'*Armorial* de d'Hozier.

25. Charles-Philippe GUENAULT, curé de la paroisse de Fraize (26) :

d'azur, à deux guidons d'argent, passés en sautoirs et adossés, enfilés dans une couronne d'or.

26. Dominique VARQUELOT, curé de la paroisse de Raon-l'Étape (27) :
d'azur, à trois têtes de bélier d'or, 2 et 1, et une étoile de gueules en abîme.

Le petit nombre des nobles et des anciens anoblis qui firent confirmer ou enregistrer leurs armoiries; celui, plus restreint encore, de ceux qui, n'en ayant pas, se firent blasonner moyennant finances, montrent combien fut laborieux et peu productif le recensement fait par les commissaires héraldiques. Il le fut surtout pour la partie de la Haute-Lorraine la plus voisine des Vosges. Quant aux erreurs commises, il faut reconnaître qu'il était difficile de les éviter, de même que les omissions. Pour enregistrer les armoiries, on n'exigeait que la production d'un dessin colorié ou l'empreinte d'un cachet armorié. On comprend qu'avec un dessin mal fait ou une empreinte mal venue et quelque peu craquelée, les employés des bureaux et d'Hozier, le garde de l'*Armorial* lui-même, aient fait de fausses interprétations de pièces et de couleurs et commis de grosses erreurs, comme celle des *bars d'argent* transformés en *dauphins d'or,* ainsi que cela eut lieu dans les armes du chanoine Dautriche. Mais c'est bien pis en ce qui concerne la famille de Bazelaire, dont le nom estropié devient « Bayelaire » dans l'*Armorial* (texte), avec un blason absolument différent du véritable (p. 183, 18e vol. des blasons). En effet, dans d'Hozier, l'écu porte *parti d'argent et de sinople, au chef de gueules, charge de trois merlettes d'argent.* Or, les armes des Bazelaire ne ressemblent en rien à celles-ci. Le beau dessin enluminé qui orne la première page de la *Généalogie de la famille de Bazelaire en Lorraine* les représente de la manière suivante, et l'on peut y accorder toute confiance, étant données par un membre de cette famille, M. Louis de Bazelaire de Saulcy : *Écartelé, aux 1er et 4e fascé d'argent et d'azur de six pièces; aux*

2e et 3e contre-écartelé de sable et de gueules, à trois maillets d'argent posés deux et un. C'étaient là les armes anciennes, qui ne figurent pas dans le *Nobiliaire* de Dom Pelletier. Celles qui suivent sont les nouvelles, accordées, le 8 Janvier 1705, par le duc Léopold, à Florent-Joseph Ier de Bazelaire de Lesseux et à son frère Charles, en même temps que des lettres de réhabilitation d'ancienne noblesse et des lettres d'anoblissement nouveau. Elles sont : *d'argent, à trois flèches de gueules, deux en sautoir, l'autre en pal, liées d'un cordon de sable, au chef d'azur, chargé de trois étoiles d'argent.*

En résumé, les états de l'*Armorial général* de 1696, tout incomplets qu'ils soient, n'en présentent pas moins de l'intérêt, au point de vue de l'histoire du Chapitre de Saint-Dié. Les chanoines, à cette époque, étaient issus des meilleures familles de la Lorraine et du Barrois, riches et usant largement de leur fortune. On pourrait leur reprocher d'avoir été un peu trop mondains et, au mois d'Août 1684, il avait fallu une délibération capitulaire pour les faire rentrer dans une observance plus étroite de leur règle.

NOTES

ET ÉCLAIRCISSEMENTS

(1) Archives nationales, X, 17454. — Cf. *Recueil général des anciennes Lois françaises depuis 420 jusqu'à la Révolution de 1789,* par Isambert, Decrusy et Taillandier; Paris, Verdière, libr.-éd., 1830, t. XX (IVe du Règne de Louis XIV), pp. 280-81. V. aussi Borel d'Hauterive, *Armorial de Flandre, du Hainaut et du Cambrésis;* Paris, Dentu, éd., 1856. — Nous pensons qu'il est intéressant de donner ici textuellement le *Préambule* de cet Édit : « Louis, par la Grâce de Dieu, roy de France et de Navarre; Les roys nos « prédécesseurs ont toujours esté persuadez que rien ne convenoit mieux « à la gloire et à l'avantage de ce royaume que de retrancher les abus qui « s'étoient glissez dans le port des armoiries, et de prévenir ceux qui s'y « pourroient introduire dans les suites. C'est dans cette veue que Charles VIII « establit, en 1487, un mareschal d'armes pour écrire, peindre et blasonner « dans les registres publics, le nom et les armes de toutes les personnes qui « avoient le droit d'en porter. La noblesse de France, animée du même es- « prit en 1614, supplia très-humblement Louis XIII, notre très-honoré père « d'heureuse mémoire, de faire faire une recherche exacte de ceux qui au- « roient usurpé des armoiries au préjudice de l'honneur et du rang des gran- « des maisons et anciennes familles, ce qui l'engagea, en 1615, suivant les « motifs des ordonnances de Charles IX et Henri III, des années 1560 et 1579, « d'établir un juge d'armes pour dresser des registres universels, dans les- « quels il employeroit le nom et les armes des *personnes nobles,* lesquelles, « à cet effet, seroient tenues de fournir aux baillifs et sénéchaux les blasons « et les armes de leurs maisons pour être envoyés au juge d'armes. Mais, « quoique ceux qui ont été pourvus de cet office s'y soient comportez avec « honneur, ils n'ont pu toutefois, par le deffaut d'autorité sur les baillifs et « sénéchaux, former des registres assez authentiques pour conserver le lus- « tre des armes des grandes et anciennes maisons, et donner de l'éclat à « celles des autres personnes qui, par leur naissance, leurs charges et em- « plois, leurs services ou leurs vertus sont en droit d'en porter. Ainsi nous « croyons qu'il est de la grandeur de notre règne de mettre la dernière main « à cet ouvrage, qui n'a esté pour ainsy dire qu'ébauché jusqu'à présent, et « qu'il n'y a point de moyen plus convenable pour y parvenir que de créer « dans notre bonne ville de Paris des officiers qui ayent un caractère et un

« pouvoir suffisant pour faire, par les diligences de ceux qui leur seront « subordonnez dans les provinces, que les armes des personnes, domaines, « compagnies, corps et communautez de nostre royaume soient registrées, « peintes et blasonnées dans les registres de l'*Armorial général* qui sera pa- « reillement estably dans notre bonne ville de Paris. A ces causes et autres « à ce, nous mouvant de nostre certaine science, pleine puissance et auto- « rité royale, nous avons par notre présent Édit perpétuel et irrévocable, « créé, érigé et estably, créons, érigeons et establissons dans nostre bonne « ville de Paris une grande maistrise générale et souveraine, avec un *Ar-* « *morial général* ou dépôt public des armes et blazons de nostre royaume, « païs, terres et seigneuries de nostre obéissance; ensemble le nombre des « maistrises particulières que nous jugerons à propos, suivant l'état qui en « sera arresté en nostre Conseil. »

Après avoir déterminé la composition de la maîtrise générale et des maîtrises particulières, le Roi faisait défense de porter publiquement aucunes armoiries qu'elles n'aient été registrées à l'*Armorial général*, et ceci dans un délai de deux mois. Le garde de l'*Armorial* fera faire les brevets de l'enregistrement, où seront les blasons peints et blasonnés, qui vaudront lettres d'armoiries.

(2) ROGÉVILLE, *Dictionnaire des Ordonnances*, I, 163. — H. LEPAGE et L. GERMAIN, *Supplément au Nobiliaire de Lorraine de Dom Pelletier*, p. 32.

(3) Institués les 4 Décembre 1696 et 23 Janvier 1697.

(4) Nommé à cette charge par arrêt du 12 Février 1697. — Louis-Roger-Charles d'Hozier était fils de Pierre d'Hozier, seigneur de la Garde, en Provence, et le père de Louis-Pierre d'Hozier, qui fit imprimer plus tard un ouvrage intitulé *Armorial général de la France ou Registre de la Noblesse de France*, qu'il ne faut pas confondre avec l'Armorial de 1696, plus connu sous le nom d'*Armorial de d'Hozier*.

(5) L'*Armorial général de France*, établi en vertu de l'édit royal de Novembre 1696 et resté manuscrit à la Bibliothèque nationale, comporte 34 volumes de texte, reliés sous le titre *Armorial général*, et 35 volumes de blasons, reliés sous le même titre, avec le sous-titre : *Blasons coloriés*.

(6) Les volumes concernant la Lorraine sont cotés FR. 32211 (texte) et 33245 (Blasons col.); ce dernier vol. est le 18e de la série.

(7) Le 17 Octobre 1639, anoblissement de Gérard Rousselot, seigneur d'Hédival, dont le bisaïeul avait obtenu, en 1517, de l'empereur Maximilien, des lettres de déclaration du titre de gentilhomme. (LEPAGE et GERMAIN, *Supplément au Nobiliaire de D. Pelletier*, p. 352). — La branche dite *de Morville* de cette ancienne famille barroise existe encore dans la personne du comte Rousselot de Morville, né à Nancy le 22 Janvier 1850, qui habite sa propriété de la Saussaye, à Fleurey, petite commune de 220 habitants, située à 8 kil.

de Saint-Hippolyte (Doubs). — L'écu actuel de la famille est timbré d'une couronne comtale.

(8) Le 20 Décembre 1662, anoblissement de Claude Dautriche et non *d'Autriche* (loc. cit., p. 312). C'est de la famille du chanoine de Saint-Dié dont il est question dans ce cas. Le chanoine Charles Dautriche, qui devint grand-doyen du Chapitre de l'Insigne Église de Saint-Dié, fit usage de la grande fortune qu'il possédait de la manière la plus honorable. Ce fut lui qui, en 1714, fit construire, presqu'entièrement à ses frais, le portail de la Cathédrale avec les deux tours. Il fut aussi le fondateur de notre hôpital, qu'il dédia à saint Charles, son patron. Voici ce qu'on lit dans son testament daté du 2 Juin 1725 : « Comme la mort pourroit me prévenir avant que le bâtiment de « l'hôpital fut achevé, je déclare que je veux que *vingt-cinq mille livres* « *tournois* soient employées pour ledit bâtiment, pris préférablement à tout « ce qui est ordonné cy dessus, y compris ce qui sera déboursé aux ou- « vriers ou autres, ce qui sera aisé à démêler, ayant fait un journal à part « de tous les reçus des ouvriers et autres dépenses faites au sujet du bâti- « ment dudit hôpital. Mon intention, en donnant *vingt-cinq mille livres* pour « le bâtiment de l'hôpital, comme dit est, est à condition et pas autrement, « que le Chapitre seul en sera le directeur, comme il a toujours été depuis « la première donation que fit M. de Bildstein, chanoine en l'année 1545, « d'une somme de deux mille quatre cents quarante six francs vingt gros, « qui, depuis, a été augmentée à la mort de beaucoup de chanoines, ce qui « en grossit le revenu à la somme dont il est à présent dotté, sans qu'autres « que des chanoines y aient contribués. »

Le chanoine d'Autriche habitait dans la rue Cachée, un hôtel qui appartint plus tard aux Colliquet, puis à M. de Montauban, et devint ensuite le Collège communal (aujourd'hui détruit pour l'ouverture de la rue de l'Orphelinat). Il mourut au commencement de 1729. » Je désire, dit-il dans son testament, mon corps être inhumé à l'entrée de l'église Notre-Dame, sous la tombe la plus près de l'escalier, dans le cloître, si Messieurs veullent bien me l'accorder, afin que mon corps étant foulé aux pieds de tous ceux qui entreront et sortiront de l'église, je puisse faire par là hommage en quelque façon à Dieu en réparation de ma vanité et orgueil. Je deffends très expressément qu'il soit rien écrit sur aucune épitaphe, pas même mon nom sur la tombe, mais seulement : *Hic jacet in vitâ vermis, in morte pulvis !* » — Il lègue à son neveu Charles Gillet de Vaucourt toute son argenterie et toutes ses armes, ainsi que ses équipages de chasse et tous les chevaux qui seront dans son écurie, avec les harnais, selles, brides et bottes. A ses deux petites-nièces, il donne ses deux tasses de vermeil, et à leur mère, Mme de Vaucourt, toutes les toiles, soit de lin ou de chanvre, qui se trouveront en sa maison en pièces au moment de son décès, ainsi que le tableau de *Notre-Dame tenant l'enfant Jésus,* peint par Le Castor. — Ce Gillet de Vaucourt, dont il est ici question, était baron (du 11 Septembre 1718), mais son bisaïeul avait obtenu, en 1626, des lettres de Chevalier du Saint-Empire.

(9) Les armoiries figurées et décrites dans le *Nobiliaire de la Lorraine et*

du Barrois de Dom Pelletier (p. 19), sont celles-ci : *Une croix d'or, cantonnée, au 1er d'azur à un lion d'or; aux 2e et 3e de gueules à trois chevrons d'argent; au 4e d'azur à deux bars adossés d'argent.* — Quelle énorme différence entre l'*Armorial* et le *Nobiliaire !*... Je pense néanmoins que ce sont celles de ce dernier recueil qui doivent être considérées comme les véritables. Le savant bénédictin-curé de Senones, un lorrain de Portieux, était plus à même que personne d'avoir sur ses compatriotes nobles et anoblis, des renseignements exacts et précis.

(10) Rodolphe Thierry était chanoine de Saint-Dié quand il fut nommé le 4 Mai 1647, par le pape Innocent X, comme prieur de Froville, petit établissement de Bénédictins de l'ordre de Cluny, situé à 4 kilomètres de Bayon. « De son côté, dit M. Léopold Quintard dans une Notice sur *le Prieuré de Froville,* Armand de Bourbon, prince de Conti et abbé de Cluny, nonma, le 12 Décembre de la même année, un certain Jean Chappelain, lequel prit possession du prieuré et refusa de reconnaître l'élu du pape. Celui-ci se plaignit à Rome : le Souverain Pontife annula la nomination de Jean Chappelain, lequel se plaignit à son tour à son abbé. Le prince de Conti déclara qu'il avait le droit d'élire le prieur et qu'il maintenait son choix. Bref, cette espèce de schisme dura jusqu'en 1652. Le 9 Novembre de cette année, Jean Chappelain se soumit à la décision du Souverain Pontife et fit cession du prieuré de Froville en faveur de Rodolphe Thierry. » (*Mémoires de la Société d'Archéologie lorraine,* t. LIV, 1904, p. 85).

Rodolphe Thierry resta prieur de Froville jusqu'en 1706, époque de sa mort. Il avait été élevé à la dignité de Chantre du Chapitre de Saint-Dié.

Il a laissé un manuscrit que possède la bibliothèque municipale de Saint-Dié, où il porte le N° 8. En voici le titre : *Recueil des droits et privilèges de l'insigne église de S. Diey, extrait des tiltres et papiers qui sont au trésor et archives de ladite église.* — Mss. écrit à longues lignes et contenant 499 feuillets cotés, en y comprenant des factums, mémoires et autres pièces justificatives. Rel. basane.

Une bonne copie en existe dans la bibliothèque lorraine Édouard Ferry.

Il y a aux Archives de Meurthe-et-Moselle (H. 166 et 167) deux déclarations des droits seigneuriaux dont jouissait le prieur de Froville en 1681 et en 1700. Elles sont signées par *Rodolphe Thierry.*

(11) Ce chanoine descendait de Jean Arnoult, seigneur de Fleury, dont la reconnaissance de noblesse remontait au 17 Janvier 1485.

(12) D'une famille de Commercy, anoblie en 1627.

(13) Le Nobiliaire de Lorraine, écrit *Lallemand;* l'Armorial *L'Allemand.* Famille originaire également de Commercy.

(14) Famille anoblie par lettres du duc Charles IV données le 13 Août 1663 à Pierre Margadel, ascendant du chanoine de Saint-Dié. — Joseph de Margadel

devint dans la suite écolâtre du Chapitre. Le 9 Décembre 1739, il remercie ses confrères de l'honneur qu'ils lui ont fait de lui avoir confié cette dignité, qu'il remet entre les mains du Chapitre pour choisir un écolâtre à sa place. Le jour de l'élection du nouveau dignitaire fut fixé au 19 Décembre. Mais dans l'intervalle, se produisit un incident auquel personne ne s'attendait. Le 16, on reçut une lettre du chancelier de Lorraine, de la part du roi de Pologne, recommandant de ne choisir qu'un docteur en théologie dans l'élection future d'un écolâtre, « afin d'exciter l'émulation et le zèle pour l'étude parmi les chanoines. » Cette immixtion de S. M. polonaise dans les affaires du Chapitre produisit le plus mauvais effet. Il protesta avec énergie, ne tint pas compte de l'ordre reçu et, passant outre, malgré deux ou trois oppositions, nomma le chanoine Lançon, déjà vice-écolâtre depuis plusieurs années, pour succéder à Margadel. Cette désobéissance de la part du Chapitre donna lieu à une affaire qui ne tourna pas à son avantage ; elle ne se termina que le 14 Mars 1740 par la nomination d'office, comme écolâtre, du chanoine Abram, qui lui fut notifiée par M. de Lesseux, subdélégué du chancelier de Lorraine, tandis que Lançon, élu capitulairement le 19 Décembre, était interné à Étain, par ordre du roi, depuis le 20 Février. (Archives de Saint-Dié).

(15) La famille de Billault ou Billaut de Leschicault était originaire de Bar et avait été anoblie, les 3 et 6 Juin 1641, dans les personnes de Nicolas et Sébastien Billault. — Le chanoine de Saint-Dié, nommé aussi Sébastien, mourut vers 1740 et fut inhumé dans la chapelle de Saint-Laurent, à l'église collégiale. Il était chargé de la direction de l'Ermitage de la Madelaine. — Un Laurent de Billaut était chirurgien-pharmacien d'une compagnie de cadets-gentilshommes qui, de Bitche-en-Lorraine, avait suivi à Belfort son capitaine Camus de Morton nommé, en 1689, au gouvernement de cette dernière place. Ce Laurent, qui mourut un an après son arrivée en Alsace, laissait un fils, nommé Jean-Ennemond, aussi chirurgien. Les armes que celui-ci fit enregistrer en 1696, et qui sont blasonnées dans l'*Armorial de la Généralité d'Alsace*, sont absolument les mêmes que celles qui sont décrites dans le *Recueil des Armes et Blasons des familles nobles existantes et établies en la ville de Bar et dans l'étendue de son district en 1771*. On doit en conclure que ces Billaut étaient de même origine que les chanoines de Saint-Dié de ce nom.

(16) Charles de Billaut de Leschicault devait être encore jeune quand il fut pourvu d'un canonicat dans l'église collégiale de Saint-Dié, où son oncle Sébastien était chanoine. En 1736, attristé à la vue de la chapelle du Petit-Saint-Dié qui tombait en ruines, il résolut d'y faire les réparations nécessaires. Une inscription moderne, placée à l'entrée de l'oratoire, rappelle la date et le nom de l'auteur de cette restauration. Elle est surmontée des armes du Chapitre et de celles des Billaut ou Billault. Après la mort de son oncle, on le trouve le plus souvent désigné sous son second nom de Leschicault. Il mourut le 19 Septembre 1747, à 8 heures du matin. « Aussitôt après, le son de la grosse cloche annonça son décès, puis le Chantre fit sonner Chapitre,

où l'on fit lecture du testament du défunt, par lequel il fut reconnu que M. Lançon (chanoine) était nommé exécuteur testamentaire et l'hôpital héritier de la remanence de sa succession après les legs acquittés. Il fut ensuite réglé que M. le Chantre apposerait les scellés en qualité de Président; le chanoine Colliquet fut nommé promoteur. Il fut permis de faire enterrer le défunt dans la chapelle de saint Laurent, près de M. Billaut, son oncle. Les obsèques furent célébrées le lendemain 20, à la Petite-Église. » (Cf. aux Archives munic. de Saint-Dié, *Papiers du Chapitre,* 2e liasse, de 1746 à 1760). Les parents du chanoine de Leschicault ne purent arriver à Saint-Dié que le 23. On célébra un second service, et l'on convint qu'on ne ferait pas distribuer d'aumônes parce que le défunt n'en avait pas ordonné et que la remanence était à l'hôpital. Le chanoine Lançon fut seulement autorisé à donner au neveu une paire de pistolets, un fusil et une bayonnette, avec le cachet des armes, « par forme d'indemnité de son voyage ». Le 3 Octobre, la maison canoniale fut déclarée vacante et adjugée, le 23 Décembre, à Benoît-Balthazard Henry de Seichamps pour 8.177 livres 11 sols. M. de Leschicault fut remplacé dans son canonicat et prébende par l'abbé Ch. de Serre.

(17) La noblesse de la famille Colliquet ou Collicquet, de Bar, prenait sa source des lettres d'anoblissement obtenues le 28 Novembre 1556 par Mangin Colliquet, valet de chambre du duc Charles III. Ses descendants, Pierre-François, Jacques-Joseph et autres, obtinrent, le 17 Septembre 1735, des lettres de barons. — Par lettre du 12 Mars 1740 adressée « aux vénérables nos chers et amis les dignitaires, chanoines et chapitre de l'Insigne église de Saint-Diey », le roi Stanislas, duc de Lorraine, nomma par procuration à la présidence du Chapitre le chanoine F. de Colliquet, qui refusa, en prétextant son âge et ses infirmités. Mais Florent de Lesseux, subdélégué de l'Intendant, présent à l'assemblée capitulaire du 14 Mars, représenta au nouveau Président qu'il convenait qu'il acceptât jusqu'à nouvel ordre. C'était là un ordre formel et le chanoine s'exécuta. Les fatigues qu'il en ressentit durent altérer considérablement sa santé, déjà chancelante, car il succomba quelques mois après. Un morceau de la vraie croix, qu'il avait chez lui et qu'il tenait de l'archevêque de Césarée, fut remis le 2 Septembre 1741 au reliquaire de la Collégiale.

(18) En 1741, Charles de Colliquet était sonrier du Val, quand, le 20 Mars, il fut choisi par le Chapitre, avec trois autres de ses confrères, pour complimenter le duc d'Ossolinski, grand-maître de la maison du roi de Pologne, et M. de La Galaizière, intendant de la Province de Lorraine, venus à Saint-Dié, avec Sa Majesté, pour l'installation du comte Zaluski comme Grand-Prévôt. Il avait, paraît-il, une belle prestance et une certaine facilité d'élocution, puisque ce fut encore lui qui fut chargé le 8 Août 1744, d'aller faire les compliments du Chapitre au maréchal de Noailles, lorsque Louis XV dut passer par Saint-Dié pour se rendre en Alsace, voyage qui n'eut pas lieu à cause de la maladie qui retint à Metz le roi de France.

Il dépensait en bonnes œuvres la grande fortune qu'il avait. Le 27 Octobre de cette même année 1744, il déclara au chapitre qu'il destinait une somme de 20.000 livres tournois pour la décoration que l'on se proposait de faire dans l'église, dont il laissait la disposition aux chanoines ses confrères, soit pour un autel de marbre, soit pour d'autres embellissements. Il donna, pour le nouvel autel, des chandeliers d'argent, qui arrivèrent à Saint-Dié le 26 Octobre 1747. Tout entier à ses goûts tranquilles et modestes, il refusa, au mois de mars de l'année suivante, la charge de grand-vicaire que venait de lui offrir le Grand-Prévôt Bégon. Pressé par ses confrères d'accepter cette commission pour le bien de l'église, « il s'excusa avec des sentiments si modestes et si chrétiens, qu'on ne put l'engager à se charger du fardeau de la juridiction ». Sans doute se sentait-il déjà atteint du mal qui devait l'emmener, mais il ne fut réellement malade que pendant quinze jours. Il succomba le 7 Décembre 1748. Ce même jour, on fit au Chapitre la lecture de son testament, dont les dispositions vraiment canoniques firent comprendre la grandeur de la perte que l'on faisait. Outre le bien qu'il avait fait de son vivant à l'église de Saint-Dié, il léguait aux pauvres du Val de Galilée 12.000 livres « pour être employées au soulagement des peuples *ad instar* de la fondation faite par le chanoine Jacques d'Orge, et les subroge pour deux autres mille livres tournois en cas que Messieurs ne seront point d'avis de renverser la tribune (de l'église) dans l'année ». Il léguait le prix de sa maison canoniale pour la fondation d'une messe à dire tous les jours à la chapelle de N.-D. de Pitié, où il désire être inhumé. Outre la fondation d'une sœur de la charité, il donnait 1000 écus pour un lit à perpétuité. Il ne voulait que ces mots gravés sur sa tombe : *Cy gist cendre et poussière*. Il défendait de mettre ses armoiries pour ses obsèques, faisait une fondation pour une mémoire et quantité d'autres legs pieux dans tous les endroits où le Chapitre avait du bien, ce qui faisait en tout plus de 50.000 livres de legs pieux. Il instituait pour exécuteur testamentaire le chanoine Humbert de Tannoy. La maison de Charles Colliquet était celle qui avait appartenu au chanoine Dautriche, et auparavant au chanoine Pierre Du Lys. Elle fut évaluée à 8.550 livres; on y mit une surenchère et fut adjugée à M. de Montauban, dernier enchérisseur, pour la somme de 9000 livres tournois. Ce dernier l'occupait encore lors de la dissolution du Chapitre en 1790. — Le nom de Charles Colliquet a été omis dans la liste des Sonriers du Val donnée par G. Save dans sa *Sigillographie de Saint-Dié*.

(19) Famille anoblie par lettres du 13 Septembre 1554 accordées à Didier de Reims, auditeur des comptes et clerc juré en l'hôtel du duc.

(20) Simon Barxel voulut s'associer à l'œuvre de bienfaisance de son confrère et ami Charles Dautriche, et, par testament, légua à l'hôpital de Saint-Dié, alors en voie de construction, une somme de 12.930 livres. Il avait un neveu, nommé Jean-Wilhelm Barxel, qui devint chanoine de Saint-Dié et mourut le 12 Décembre 1756, demandant à être enterré dans la chapelle de N.-D. de Pitié, où reposait son oncle Simon.

A propos de leurs armoiries, il est bon de faire remarquer qu'elles sont absolument les mêmes que celles du village d'Orbey, en Alsace. Y a-t-il lieu d'en conclure que les Barxel ou Barxell sont originaires du Val d'Orbey ou du Blanrupt?

(21) Ce Paul Dolmaire était fils de Jean, le premier anobli de sa famille par lettres données à Nancy le 28 Novembre 1632, et d'Élisabeth Conrard. — Voir la Notice sur *La Famille Dolmaire de Provenchères*, par le comte Arthur DE BIZEMONT (dans le « Bull. de la Société philom. vosg. », t. XXIX, pp. 197-201).

(22) Claude Gauthier, issu d'une famille anoblie par lettres données, le 1er Mars 1626, à Marc Gauthier, son père, contrôleur des domaines à Bruyères, était seigneur de Fremifontaine et de Vienville, maître ès arts, licencié ès droit, gentilhomme ordinaire de Gaston de France, duc d'Orléans, capitaine et lieutenant du duc à Saint-Dié. Il avait épousé, le 7 Février 1652, Françoise L'Huillier de Spitzemberg, fille de Dominique L'Huillier et de Marguerite de Bar, dont il eut quatre enfants, un fils et trois filles. — V. Gaston SAVE, *Les Hugo de Spitzemberg et Victor Hugo*. (« Bull. de la Société philomatique vosgienne », t. XI, 1885-86. p. 99). — Ses armes, figurées dans l'*Armorial de France*, diffèrent complètement de celles qui sont sur le sceau dont se servait Cl. Gauthier de Vienville lorsqu'il était lieutenant du duc à Saint-Dié en 1652. Il portait alors, d'après Save (*Sigillographie de Saint-Dié*, Bull. Soc. phil. vosg., t. XIV, 1888-89, p. 212, fig. 98), sur champ de... à trois pommes de pin 2 et 1, dans une bordure engrelée. Comment expliquer ce changement ou cette différence?

(23) François-Anne Bazin de Chanlas avait épousé, à Paris, le 14 Juillet 1655, Marie-Mathilde de Tanviller, fille de Guillaume-Frédéric, seigneur de Tanviller, ancien commissaire des vivres dans l'armée du duc Charles IV de Lorraine, et d'Estelle de Kesselring. Marie-Mathilde était veuve d'un Français nommé de Boulenger du Verger, probablement officier au corps d'occupation de l'Alsace, et dont elle avait eu une fille; de son second mariage, elle eut cinq enfants. Sa mère, Estelle de Kesselring, habitait toujours Tanviller; elle y mourut, vers 1660, laissant un tiers de sa fortune à sa fille, les deux autres tiers à ses petits-enfants.

Bazin de Chanlas devint ainsi maître de la seigneurie lorraine de Tanviller-en-Alsace. Il séjournait dans cette province depuis quelque temps déjà, car il y possédait le château et le village de Kientzheim que le roi de France lui avait octroyés. C'est à partir de 1663 qu'Anne-François Bazin s'intitule baron de Chanlas et de Tanviller, sans que cependant, d'après le vicomte de Castex, l'auteur d'une remarquable histoire de la seigneurie de Tanviller, à laquelle j'emprunte tous ces détails, « ce titre semble reposer sur aucun acte authentique. » Aussitôt en possession de la seigneurie, Bazin cherche à la remettre en état. Le plus pressé était de rétablir le château, incendié depuis 27 ans. Il y fit les reconstructions les plus indispensables; mais si le château était redevenu habitable, il n'y avait plus de vassaux. Tous, depuis l'invasion suédoise, avaient quitté le pays. Le seigneur se vit réduit, vers

1666, à rebâtir à ses frais cinq maisons du village et à les donner à des Suisses et à des Lorrains, qui furent la souche d'une nouvelle population. Marie-Mathilde de Tanviller mourut, en laissant à son mari, pour sa vie durant, la seigneurie. François Bazin ne profita pas longtemps de cette disposition. Vers 1680, ses enfants, devenus grands, réclamèrent la part d'héritage que leur avait laissé leur grand'mère de Kesselring. Comme il avait dépensé la part de sa femme à restaurer le château, il se vit dans la nécessité d'abandonner la seigneurie de Tanviller à ses enfants. Ceux-ci étaient au nombre de cinq : Henry-François de Bazin de Tanviller; Charles de Bazin de Chanlas; Marie-Béatrix, épouse de Dupré d'Honville; Marie-Dorothée, épouse d'Antoine de Mazerac; et Marie-Louise, non mariée. L'aîné, Henry-François, eut le château et les droits seigneuriaux; Charles eut une ferme à Saint-Maurice, avec partie du petit bois; Béatrix d'Honville eut le moulin et la ferme d'Hundswiller. Les deux autres filles se partagèrent le reste de la seigneurie. La fille du premier mariage de Marie-Mathilde avec F. du Verger ne figure pas dans ce partage; elle avait reçu sa part antérieurement, probablement au moment de son mariage avec M. de Cocqfontaine, lieutenant-colonel au régiment de cavalerie de Mgr le Dauphin. (Cf. Vte DE CASTEX, *Hist. de la Seigneurie lorraine de Tanviller.)*

(24) Henry-François de Tanviller était capitaine au régiment de Rosen-cavalerie et habitait ordinairement Badonviller, dans la famille Mortal dont il était l'allié. Il paraît s'être fort peu occupé de sa seigneurie et finit, vers 1687, par vendre le château de Tanviller et les droits seigneuriaux à sa demi-sœur, Mad. de Cocqfontaine, pour 6.800 livres tournois (14.416 fr.)

(25) Un autre Mortal, nommé Antoine-Augustin, capitaine, prévôt, gruyer, chef de police et châtelain du comté de Salm, résidant à Badonviller, fut anobli plus tard par lettres du 4 Mai 1718. Ces lettres parlent de services militaires rendus par plusieurs membres de sa famille. Ce sont très vraisemblablement de ceux de César Didier, dit *Mortal*, lieutenant-colonel de cavalerie dans les troupes de Charles IV, dont il est ici question, et qui avait été anobli le 20 Décembre 1664.

(26) En 1676, Charles-Philippe Guénault était curé de Sainte-Marguerite en même temps qu'administrateur de la paroisse de Fraize. Il fut nommé curé de Fraize en 1678. Il y exerça son ministère jusqu'en 1697 et demeura dans cette localité, où il mourut en 1708. Il fut inhumé dans le chœur de l'église. C'est sous son administration que cet édifice fut reconstruit. (Voy. l'*Étude historique sur l'ancien ban de Fraize*, par l'abbé G. FLAYEUX).

(27) Dominique Varquelot, que l'*Armorial général* appelle VERILOT par suite d'une grosse erreur, fut nommé curé de Raon-l'Étape et official de Moyenmoutier et Senones par ordonnance du roi de France du 1er avril 1685. Il administra cette paroisse jusqu'en 1701.

HENRI BARDY.

Fesches-le-Chatel (Doubs), Mars 1905.

www.ingramcontent.com/pod-product-compliance
Lightning Source LLC
LaVergne TN
LVHW020454230826
846091LV00008BA/3204
* 9 7 8 2 0 1 9 2 1 6 0 8 5 *